Inhalt

2	Klänge mit Instrumenten	Freies Spiel auf Instrumenten / Instrumentensymbole erkennen	8/9
4	Klatschen und patschen	Rhythmisch gebundenes Spiel mit Körperinstrumenten	10/11
6	Mein Wochenplan	Rhythmische Sprechverse mit betonten Grundschlägen	12/13
8	Wie es auf der Straße klingt	Freies Spiel nach grafischer Notation	14/15
9	Drachen steigen	Stimm- und Atemspiel nach Schriftgrafik	16/17
10	Laut und leise	Rhythmisch gebundenes Spiel mit Lautstärkeunterschieden	18/19
11	Hell und dunkel	Freies Spiel heller und dunkler Klänge nach Verlaufspartitur mit Alltagsgegenständen	22/23
12	Nüsse knacken	Rhythmische Sprechverse mit Instrumenten	26/27
14	Kekse backen	Rhythmisch und melodisch gebundenes Spiel mit Dreiklangs- und Basstönen	28/29
15	Der Elefant tanzt	Mitspielsatz für Körperinstrumente	36/37
16	Frühling am Teich	Klanggeschichte mit Alltagsgegenständen	42/43
17	So klingt es in Europa	Rhythmisch gebundenes Spiel mit Körperinstrumenten	56/57
18	Ein Haus voller Klänge	Stimmspiel	58/59
20	Bunte Blätter, buntes Laub	Rhythmisch und melodisch gebundenes Spiel mit Fünftonreihe und Basstönen	60/61
21	In der Geisterbahn	Liedbegleitung mit zwei Tönen auf Boomwhackers	66/67
22	Es wird Tag	Klanggeschichte mit Instrumenten	68/69
23	Weihnachtsglocken läuten	Rhythmisch und melodisch gebundenes Spiel mit Dreiklangstönen	70/71
24	Königlicher Marsch des Löwen	Mitspielsatz	84/85
26	Der Wald im Frühling	Klanggeschichte mit Instrumenten	86/87
27	Konzert für drei Kuckucke und eine Nachtigall	Rhythmisch und melodisch gebundenes Spiel mit Ruftönen	
28	Der alte Dino erwacht	Klanggeschichte selbst erfinden	92/93
29	Dinomusik	Rhythmisch gebundenes Spiel mit Instrumenten	92/93
30	Wenn's dunkel wird draußen	Liedbegleitung mit Stimmgeräuschen als Pausenfüllung	105
31	Die Vogelhochzeit	Liedbegleitung mit Bässtönen	113
32	Osterhase, sei bereit	Liedbegleitung mit zwei Tönen	121

Dieses Heft gehört:

Klänge
mit Instrumenten

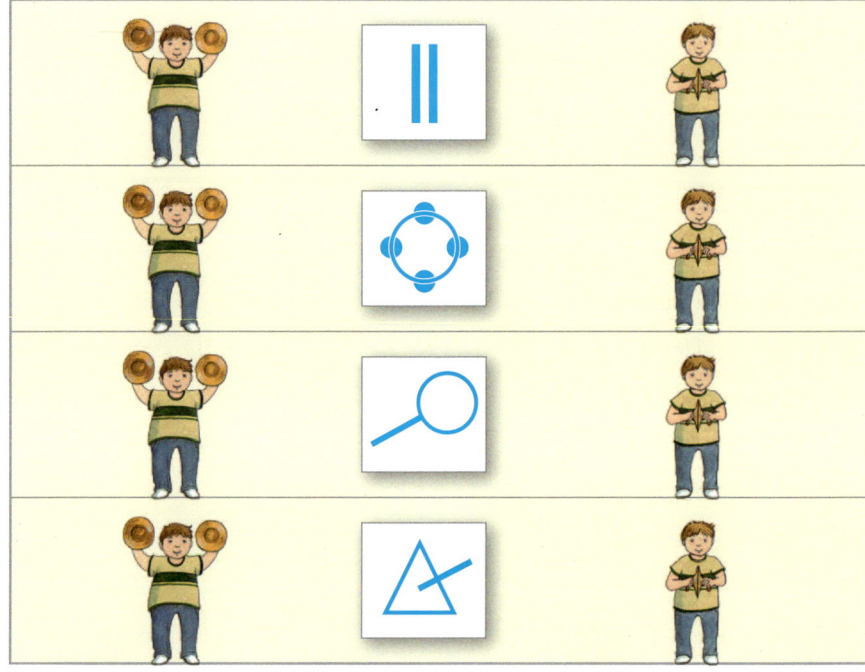

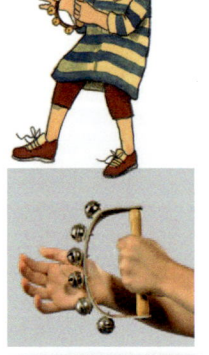

1/2 Nehmt jeweils ein Instrument. Ein Kind gibt das Zeichen für den Beginn und das Ende eurer Musik mit einem Zimbelschlag.
Spielt in der Reihenfolge, die auf den Bildern vorgegeben ist.

3 Nun spielen alle Instrumente gemeinsam, die auf den Bildern zu sehen sind.

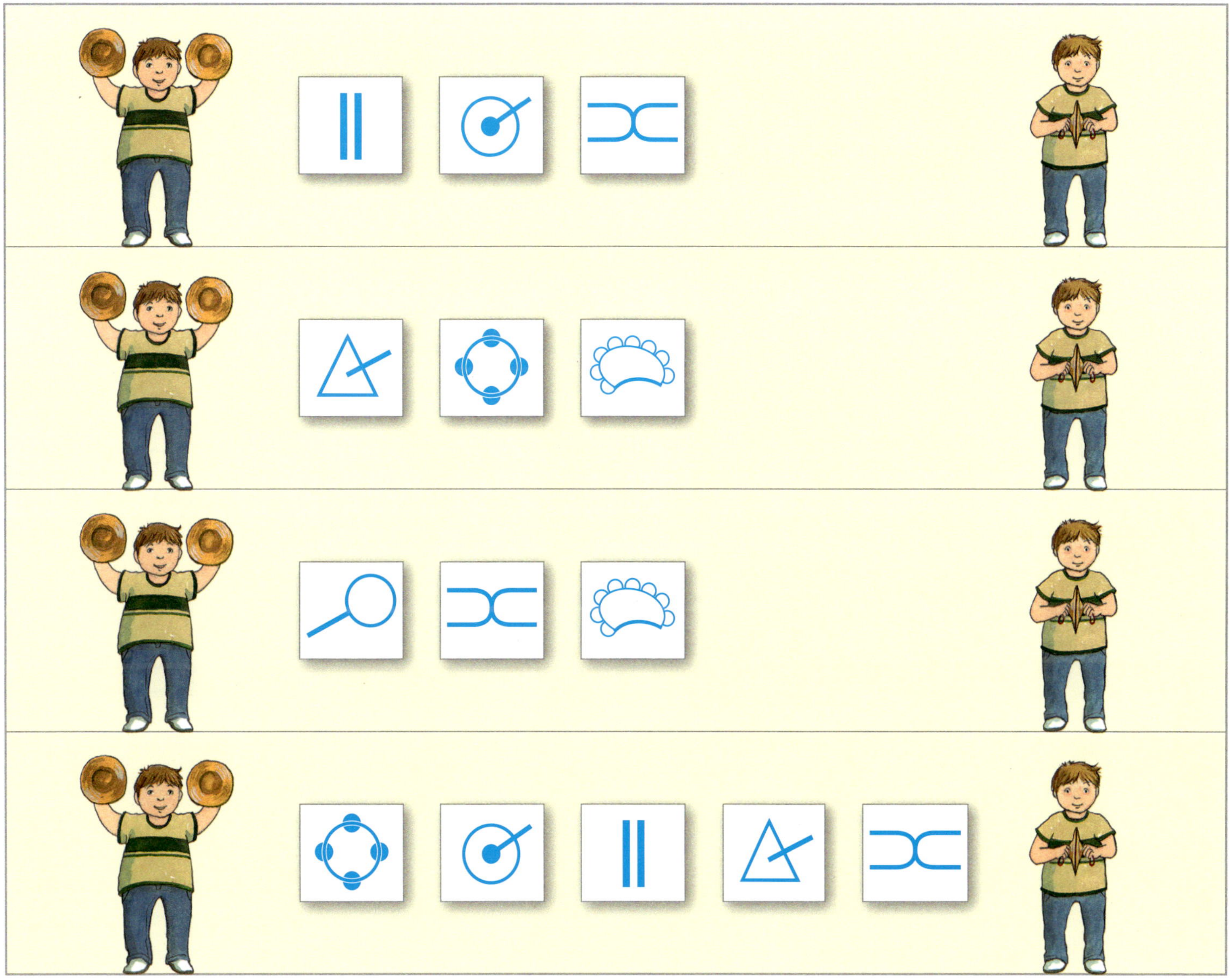

Klatschen und patschen

1/2

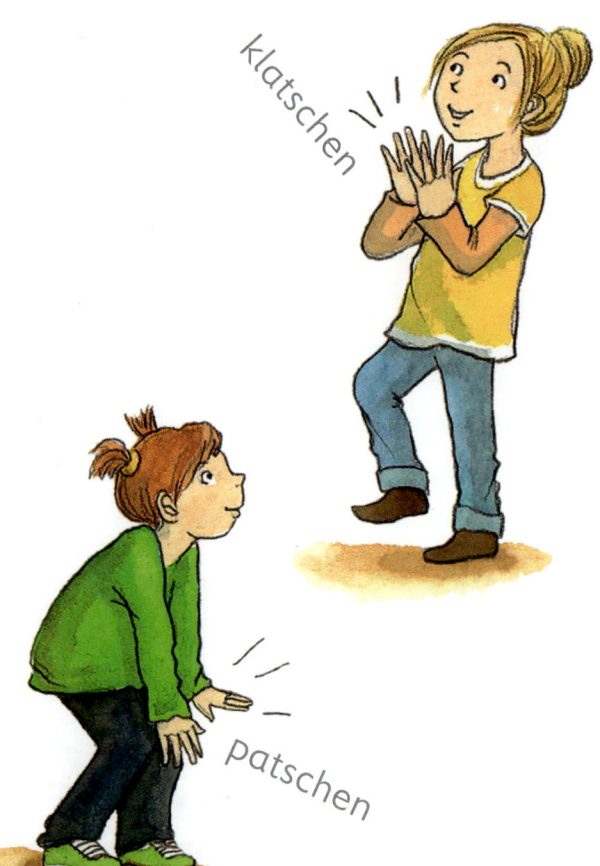

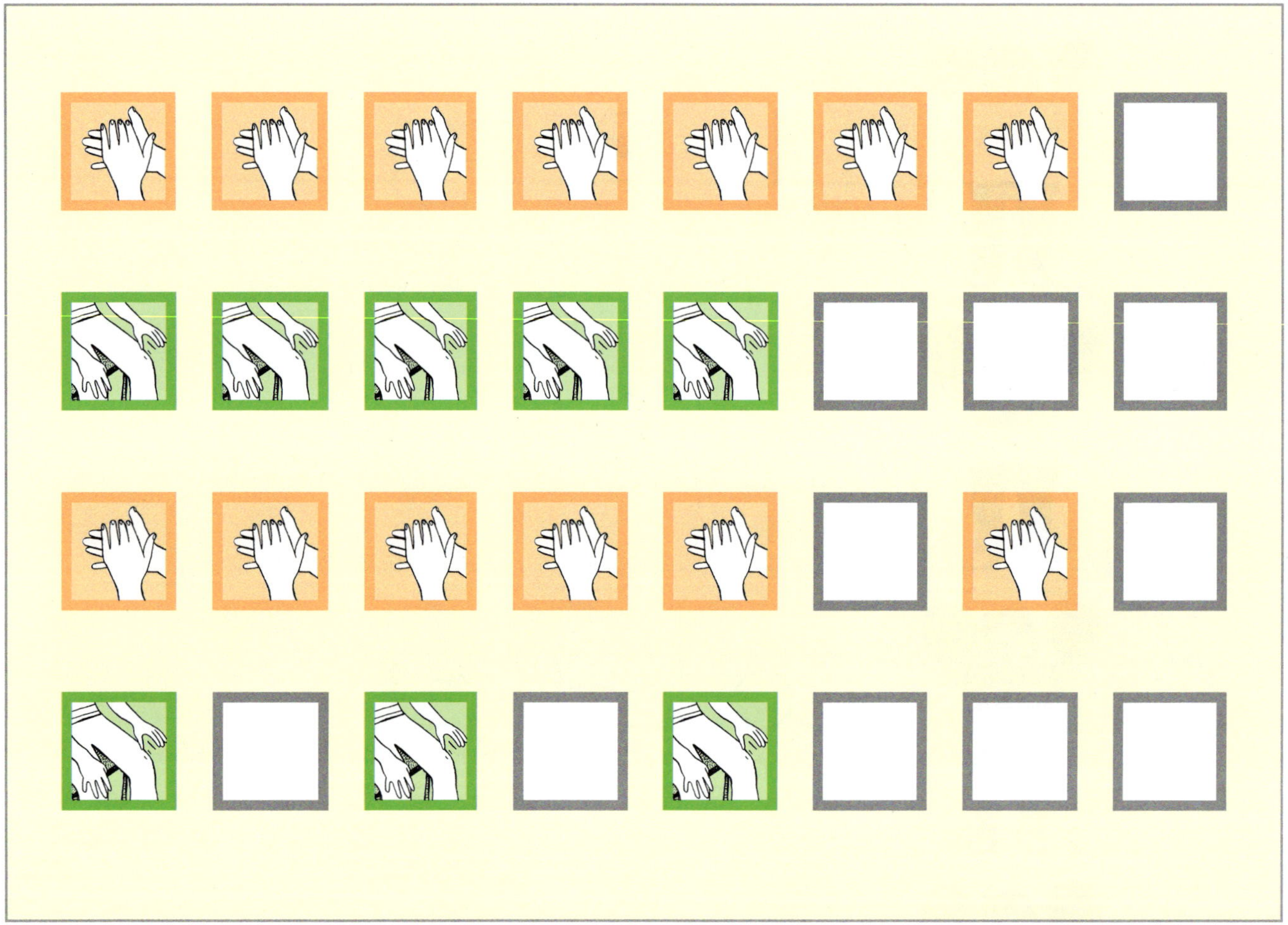

 = klatschen = patschen = Pause

zu SB Seite 10/11

1 Lasst euch jeweils eine Zeile vorspielen. Wiederholt sie wie ein Echo.
2 Spielt alle gemeinsam nach den Symbolen.

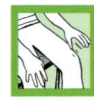

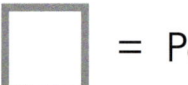

3

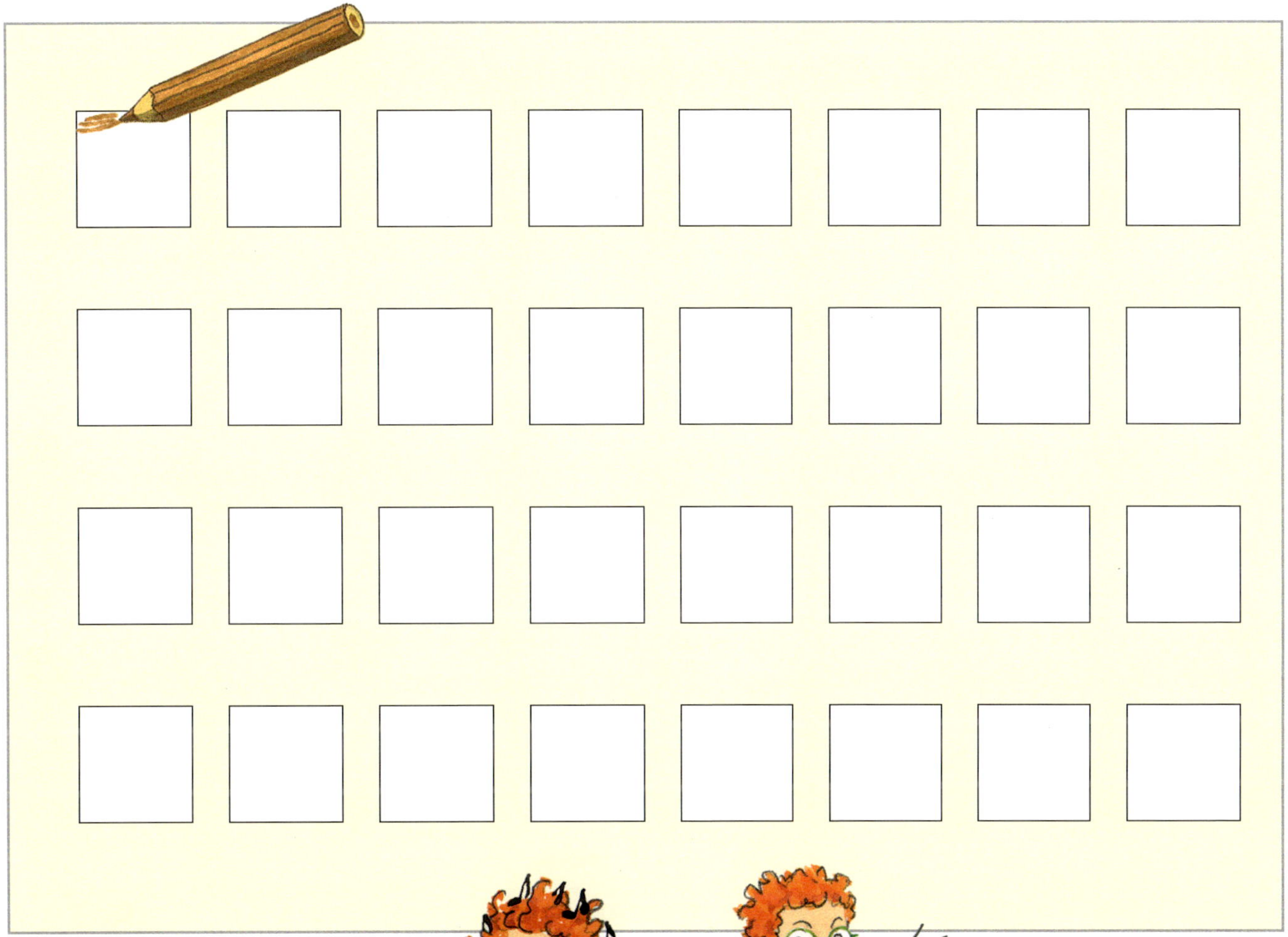

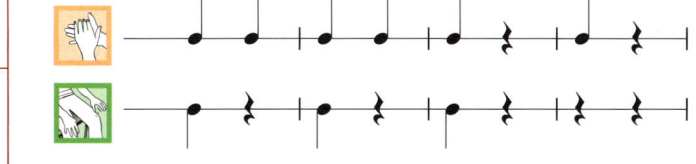

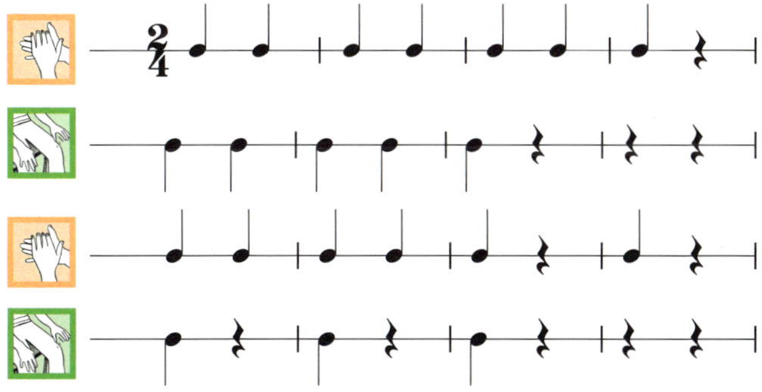

3 Erfindet und spielt eine Klatsch-Patsch-Musik.
Färbt die Kästchen (orange für klatschen, grün für patschen)
oder lasst einzelne frei für die Pausen.

Mein Wochenplan

1/2/3/4

Montag

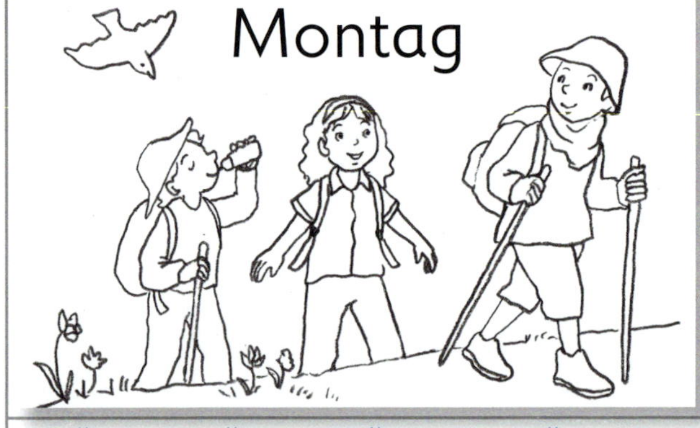

Mon- tag, Mon- tag ge- hen wir wan- dern.

Dienstag

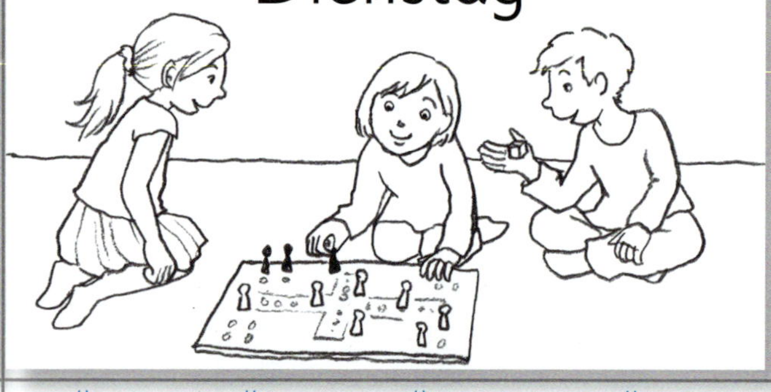

Diens-tag, Diens- tag spiel ich mit an- dern.

Mittwoch

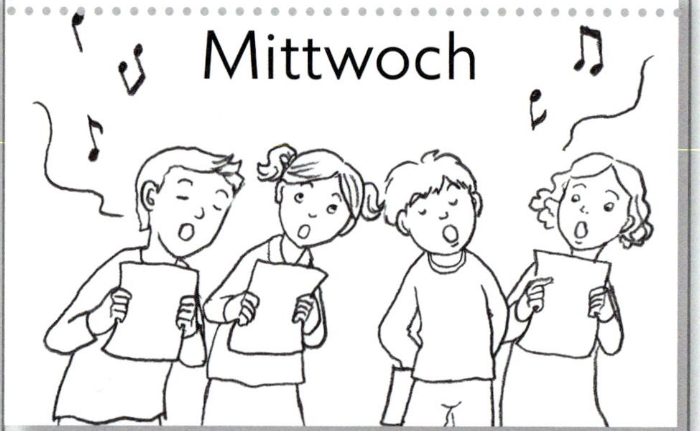

Mitt-woch, Mitt-woch sing ich im Chor.

zu SB Seite 12/13

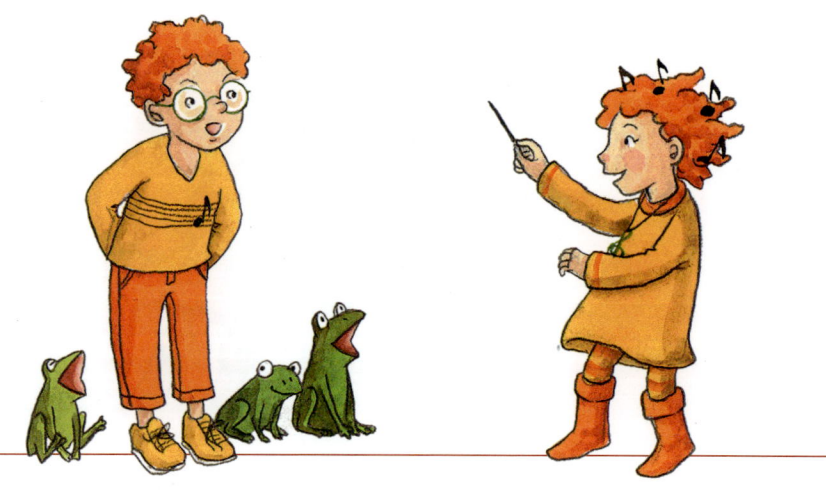

1 Einer liest den Text in Abschnitten rhythmisch vor, die anderen Kinder sprechen im Echo nach.
2 Sprecht alle Zeilen fortlaufend und gemeinsam.

Donnerstag

Don-ners-tag, Don-ners-tag schieß ich ein Tor.

Freitag

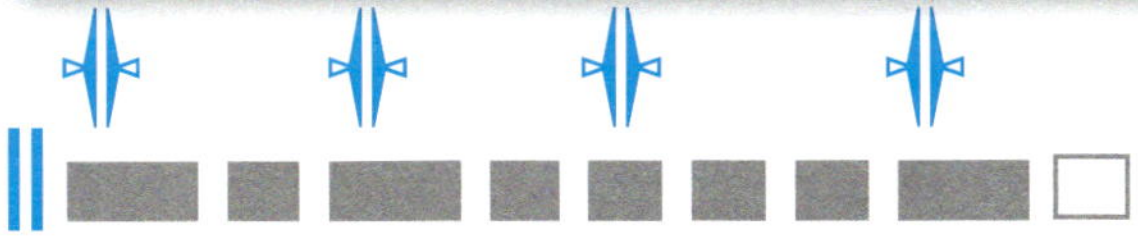

Frei- tag, Frei- tag fahr ich mal raus.

Samstag/Sonntag

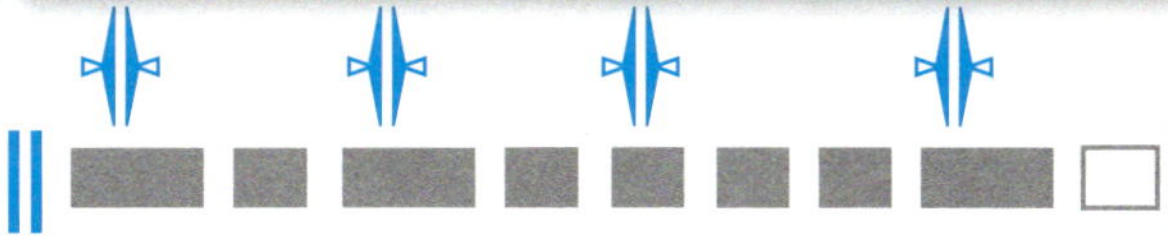

Sams-tag, Sonn-tag bleib ich zu Haus.

3 Spielt mit Klanghölzern den Rhythmus zum Text, mit Zimbeln die Betonungen.
4 Nehmt vergleichbare Instrumente und wechselt bei den Tagen ab.

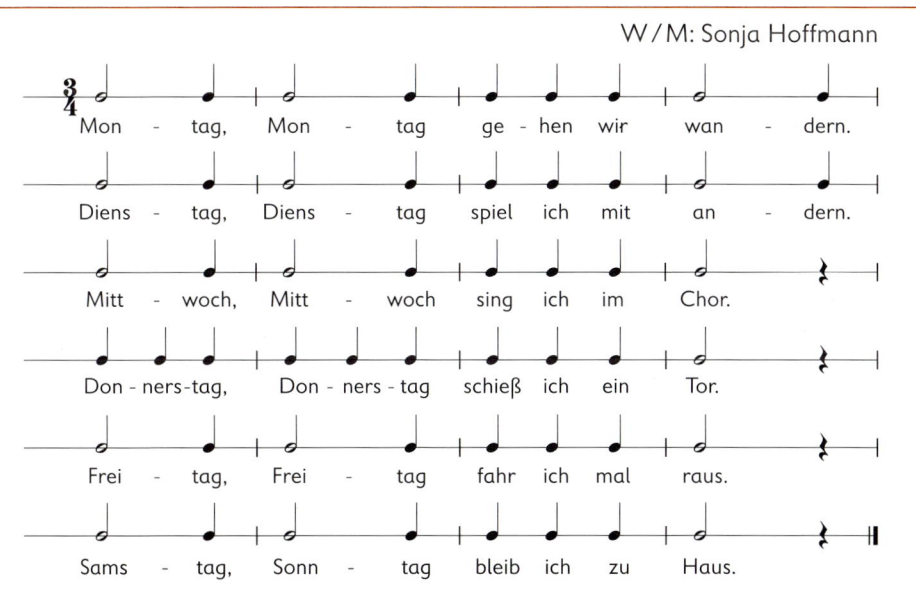

W/M: Sonja Hoffmann

Mon - tag, Mon - tag ge - hen wir wan - dern.

Diens - tag, Diens - tag spiel ich mit an - dern.

Mitt - woch, Mitt - woch sing ich im Chor.

Don - ners-tag, Don - ners - tag schieß ich ein Tor.

Frei - tag, Frei - tag fahr ich mal raus.

Sams - tag, Sonn - tag bleib ich zu Haus.

Wie es auf der Straße klingt

1

zu SB Seite 14/15   **1** Bildet Musiziergruppen.
Spielt nacheinander nach diesen Zeichen.

Drachen steigen

1

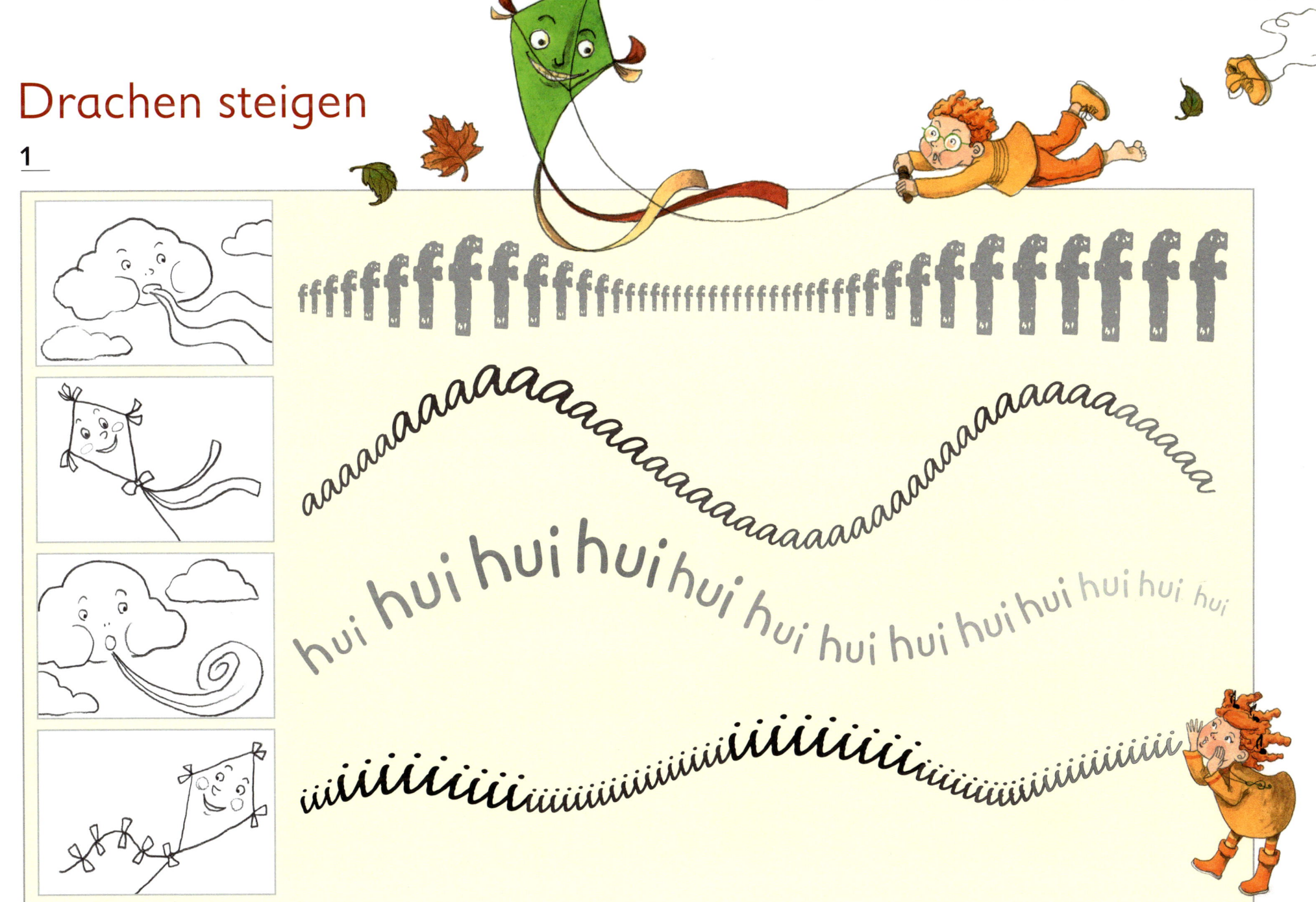

fffffffffffffffffffffffffffffffffffffffffffff

aaaaaaaaaaaaaaaaaaaaaaaaaaaaaaaaaaaaa

hui hui hui hui hui hui hui hui hui hui hui hui

iiiiiiiiiiiiiiiiiiiiiiiiiiiiiiiiiiiiiiiiiiiiiiiiiii

1 Stellt mit Atem und Stimme nach diesen Zeichen den Wind und den Drachen dar.
Musiziert lauter und leiser, höher und tiefer so wie vorgegeben.

Laut ▪ und leise ◪

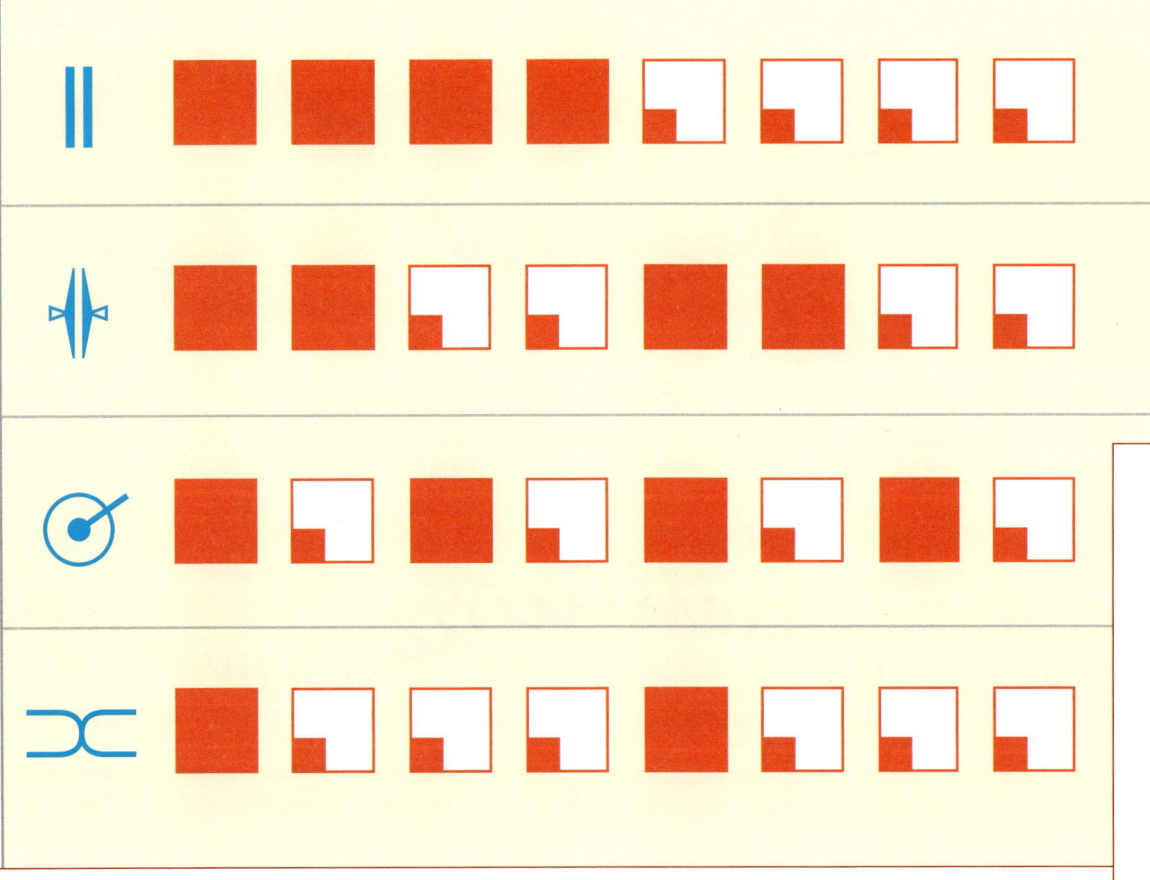

1

2

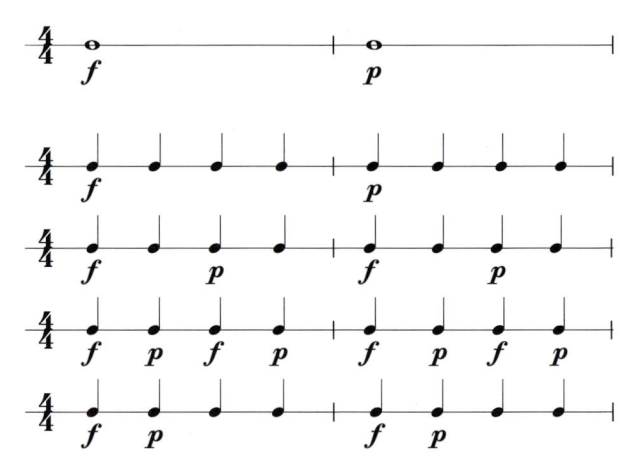

zu SB Seite 18/19   **1** Pustet laut und leise wie der Wind.
2 Spielt laute und leise Töne.

Hell ⬜ und dunkel ⬛

1

2

1 Bildet eine Gruppe für die hellen Klänge und eine Gruppe für die dunklen Klänge.
Ein Kind zeigt an, welche Gruppe musiziert. An zwei Stellen in der Verlaufs-
abbildung spielen beide Gruppen gleichzeitig.

2 Findet Alltagsgegenstände, mit denen ihr helle und
dunkle Klänge erzeugen könnt. Verändert die Reihenfolge beim Ablauf.

Nüsse knacken

Nuss- kna - cker, beiß doch zu._____ Knack die Nüs - se mir im Nu._____

Wal- nuss, Wal- nuss, Wal- nuss, hmm!

Nuss- kna - cker, beiß doch zu._____ Knack die Nüs - se mir im Nu._____

Ha - sel- nüs - se, Ha - sel- nüs - se, Ha - sel- nüs - se, ah!

1 Sprecht den Text rhythmisch und musiziert dazu mit Nussknacker und Nüssen.
2 Musiziert auch ohne zu sprechen

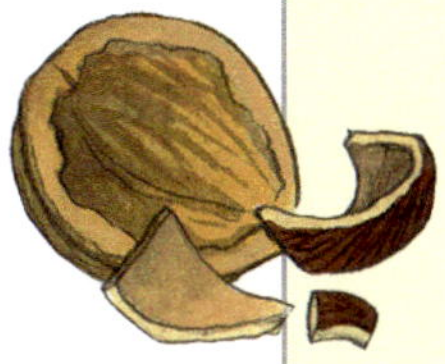

Nuss- kna-cker, beiß doch zu._____ Knack die Nüs- se mir im Nu._____

Nuss- scha-le, Nuss- scha-le, Nuss- scha-le, iiih!

Nuss- kna-cker, beiß doch zu._____ Knack die Nüs- se mir im Nu._____

Pa- ra- nuss, Pa- ra- nuss, und jetzt Schluss! Uff!

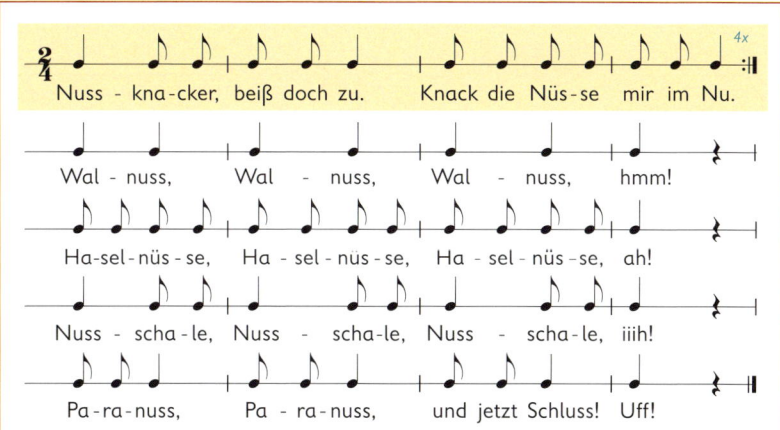

2/4 Nuss - kna-cker, beiß doch zu.   Knack die Nüs-se mir im Nu. 4x

Wal - nuss,   Wal - nuss,   Wal - nuss,   hmm!

Ha-sel-nüs-se,   Ha-sel-nüs-se,   Ha-sel-nüs-se,   ah!

Nuss - scha-le,   Nuss - scha-le,   Nuss - scha-le,   iiih!

Pa - ra-nuss,   Pa - ra-nuss,   und jetzt Schluss!   Uff!

Kekse backen

1

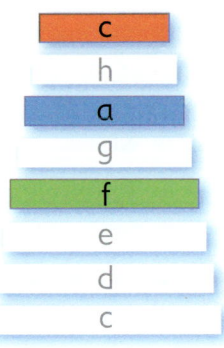

c (orange)	Pfef- fer- ku-		Nuss- ta-		
a (blau)	chen,	ne,	ler,		
f (grün)	Zimt- ster-			ess ich gern.	

Na- na- oh, le- cker!

schen, schen, wie

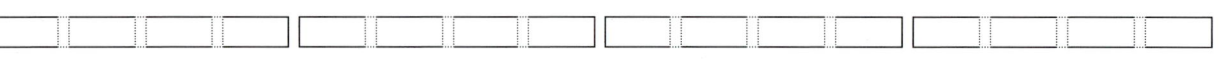
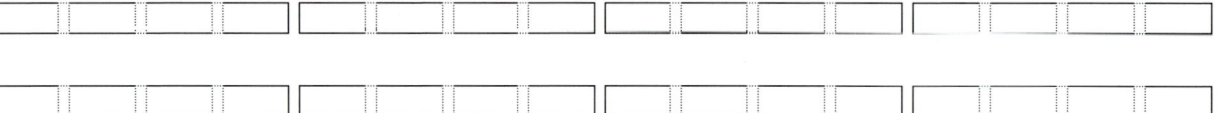

2

zu SB Seite 28/29

1 Singt und musiziert diese Töne, nacheinander und gleichzeitig.
2 Erfinde eine andere Melodie mit den Tönen **f**, **a** und **c**. Spiele sie den anderen vor.
Wiederholt gemeinsam.

Der Elefant tanzt

I/33   **1** Verfolgt mit dem Finger den Verlauf der Musik.
2 Begleitet die Musik mit den Körperinstrumenten.

Frühling am Teich

Text	Klangerzeuger	
Der Frühling ist da. Ein warmer Wind zaubert kleine Wellen auf unseren Teich.	Pusten und Papier aneinander reiben	ffffff
Ein Fisch schwimmt munter durch die Wellen.	Wasserblasen erzeugen	
Und die Frösche quaken lustig um die Wette.	Deckel eindrücken	
Die Libellen schwirren mit ihren zarten Flügeln über dem Wasser.	Folie bewegen	
Jetzt kommen die lauten Enten angeschwommen. Sie schnattern alle durcheinander.	durch Papierrohr sprechen	nak nak nak nak nak
Da erschrecken die anderen Tiere: Die Fische schwimmen schnell weg. Die Frösche verstecken sich. Die Libellen schwirren rasch davon.		

1 Musiziert gemeinsam die Klanggeschichte.
2 Ergänzt weitere Klangerzeuger – aus eurem Klassenzimmer oder von zu Hause.

So klingt es in Europa

Hel- lo!

Bon- jour!

Bué- nos dí- as!

Ka- li- mé- ra!

Good- mor- ning!

Buon- gior- no!

1 Wählt Begrüßungen aus und sprecht sie nacheinander. Nutzt die Körperinstrumente.
2 Versucht es in Gruppen gleichzeitig.
3 Ergänzt weitere Begrüßungen aus anderen Ländern. Achtet auf kurze und lange Silben.

Ein Haus voller Klänge

1 Ahme mit deiner Stimme und Körperinstrumenten alle Geräusche, Klänge und Töne nach, die du im Haus findest. Versucht das auch in Gruppen.

2 Denke dir zwei weitere Klangerzeuger aus und male sie in die leeren Kreise. Wie kannst du sie mit deiner Stimme darstellen?

Bunte Blätter, buntes Laub

1

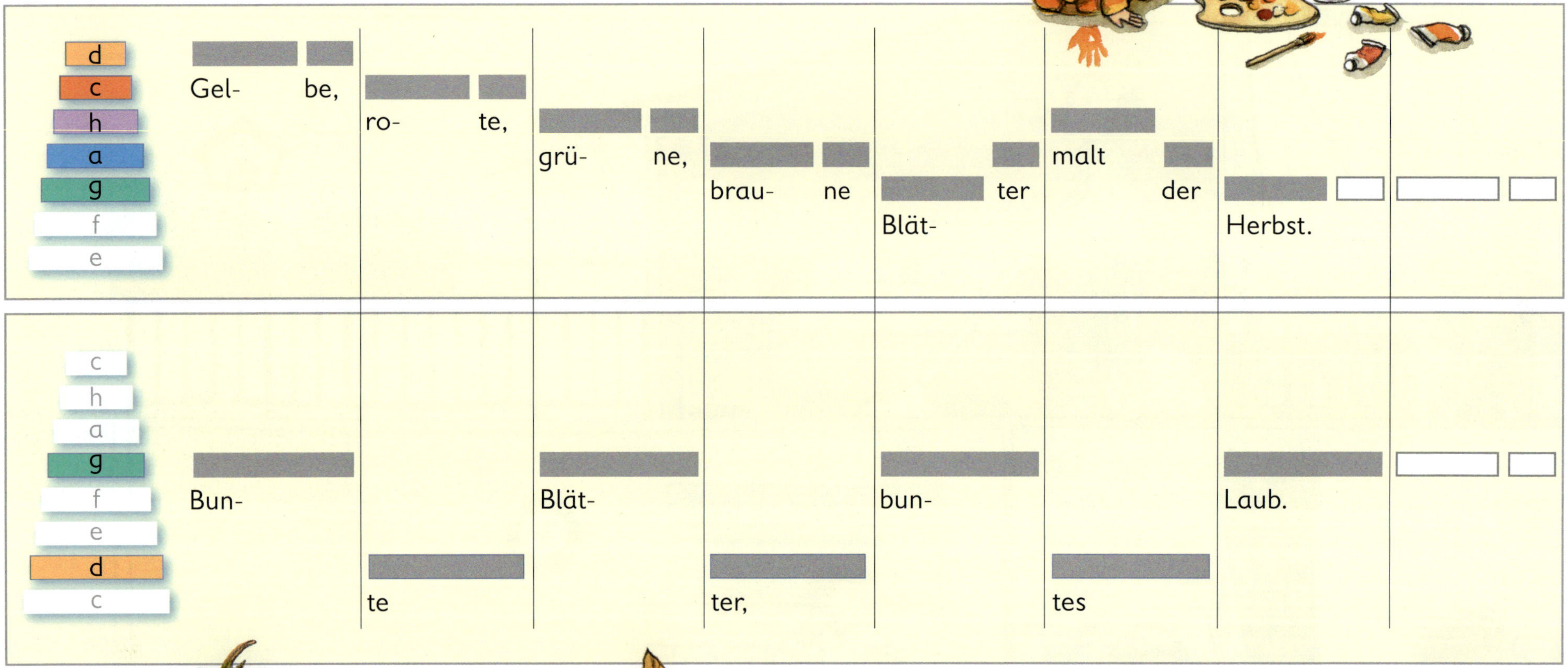

d							
c	Gel- be,						
h		ro- te,			malt		
a			grü- ne,			der	
g			brau- ne	ter		Herbst.	
f				Blät-			
e							

c						
h						
a						
g	Bun-		Blät-		bun-	Laub.
f						
e						
d		te	ter,		tes	
c						

zu SB Seite 60/61   **1** Spielt und singt beide Melodien erst nacheinander, dann gleichzeitig

In der Geisterbahn

1/2

W/M: Sonja Hoffmann

Refrain

In der Geis-ter-bahn, in der Geis-ter-bahn wir die gru-se-li-gen Geis-ter sah'n.

Hielt die Bahn mal an, kam mit Af-fen-zahn so ein Geist he-ran, fing zu spu-ken an. *Fine*

Strophe

1. Der Vam-pir mit dem Zy-lin-der, der er-schreck-te al-le Kin-der.

Und das klapp-ri-ge Ske-lett, das war auch nicht gra-de nett. *D. C. al Fine*

2. Der verbeulte alte Ritter
schaute grimmig durch ein Gitter.
Und beim Nachtgespenst so bleich
wurden uns die Knie ganz weich.

c d e f g a h c

Es wird Tag

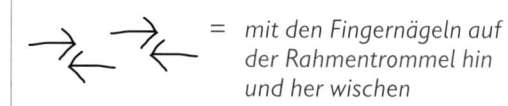 = mit den Fingernägeln auf der Rahmentrommel hin und her wischen

1

Tobias liegt in seinem Bett und schläft. Es ist tiefe Nacht. Im Zimmer ist es dunkel.		
Nur der Mond wirft einen Lichtstrahl durch das Fenster.		
Tobias wacht auf. Hat er schlecht geträumt? Er lauscht in die Dunkelheit:		• • • • • • • •
Der Wind rauscht und ein Fenster klappert. Aber sonst ist alles still. Tobias schläft wieder ein.		**schschschsch**
Der Mond verschwindet allmählich. Er macht der Sonne Platz. Der Tag beginnt.		
Und nun wird Tobias vom Klingeln des Weckers munter.		
Er springt aus dem Bett und öffnet weit das Fenster.		
Auf der Straße ist jetzt viel zu hören:		
Der Tag ist da.		

2

1 Musiziert gemeinsam die Klanggeschichte.
2 Denkt euch einen Schluss aus, notiert und spielt ihn.

Die Weihnachtsglocken läuten

1 Spielt die Glockenmelodien erst nacheinander, dann gleichzeitig.
Wiederholt mehrfach.
2 Setze die Glockenmelodie fort. Färbe die gewählten Kästchen.

23

Königlicher Marsch des Löwen

Vorspiel *Der Löwe marschiert stolz herein.*

Pause

A *Er zeigt sein Fell und schüttelt seine Mähne.*

Symbol	Instrument
●	Rahmentrommel
↗	Guiro/Ratsche
⋘	Schellenring
◗▷	Becken
••••	Klanghölzer
alle	alle Instrumente spielen gleichzeitig

1 Lest die Geschichte vom Löwen und hört dazu die Musik.
2 Musiziert die Geschichte mit den Instrumenten zur Musik.

B   *Der Löwe brüllt laut.*

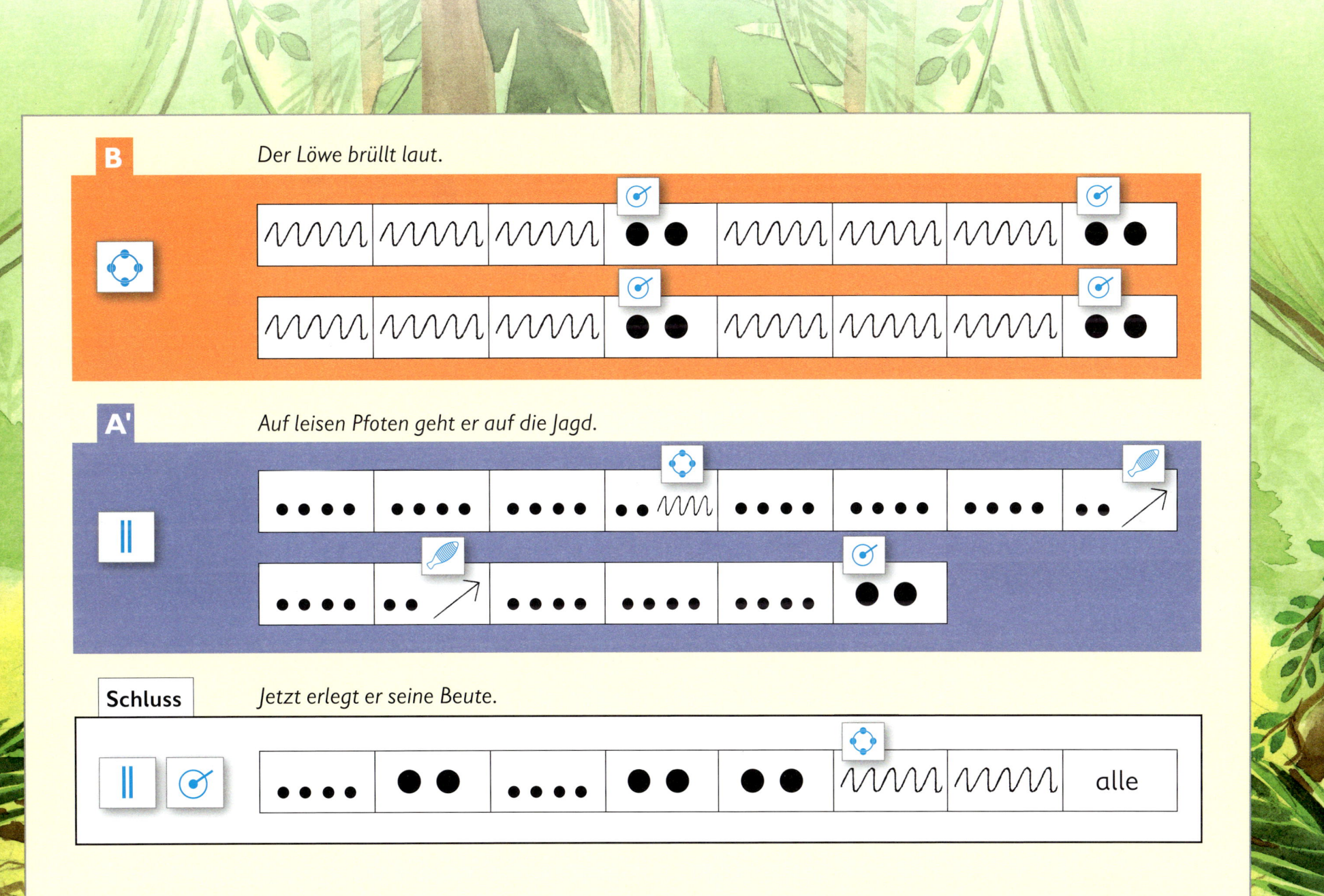

A'   *Auf leisen Pfoten geht er auf die Jagd.*

Schluss   *Jetzt erlegt er seine Beute.*

alle

25

Der Wald im Frühling

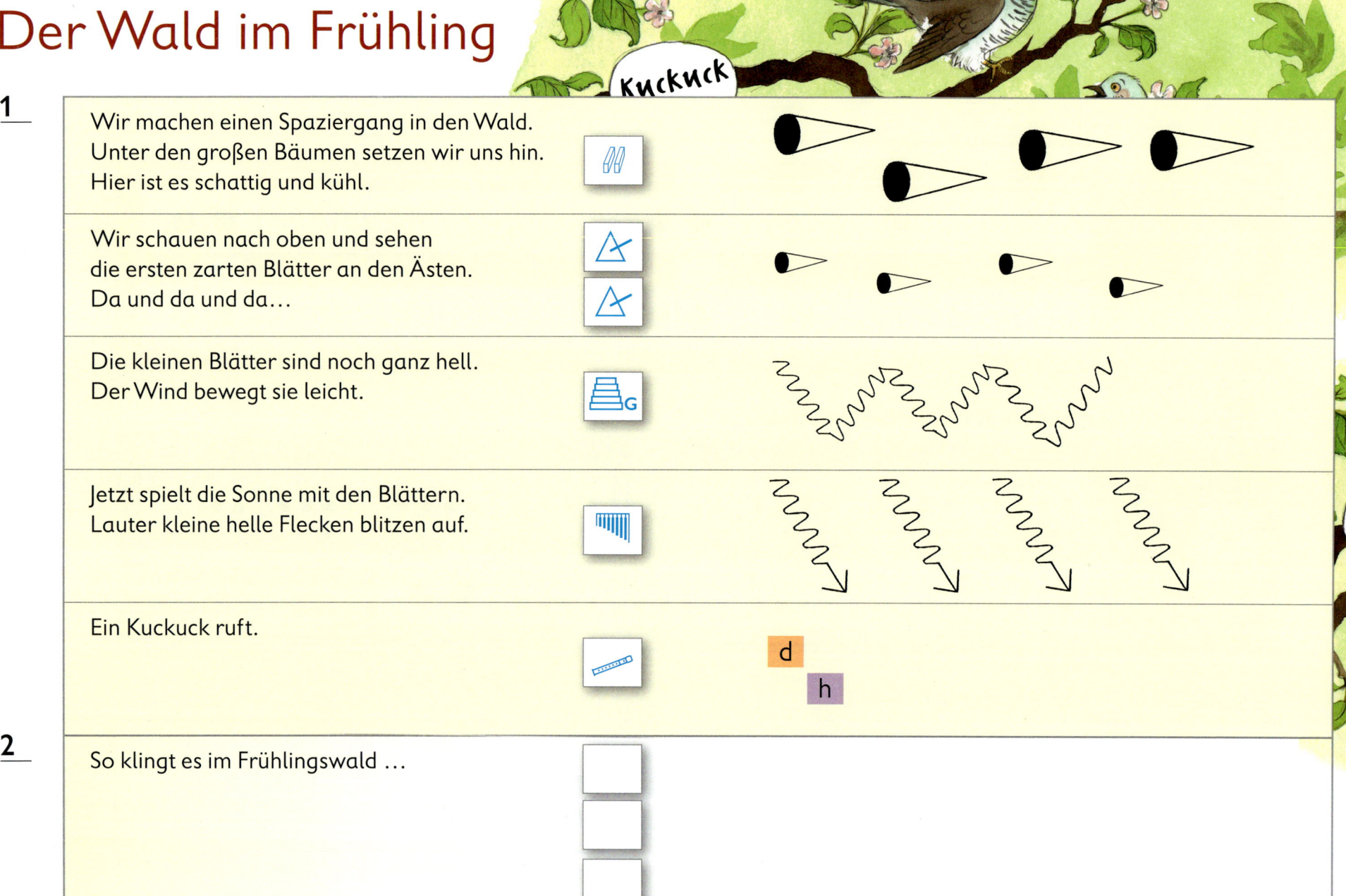

1

Wir machen einen Spaziergang in den Wald.
Unter den großen Bäumen setzen wir uns hin.
Hier ist es schattig und kühl.

Wir schauen nach oben und sehen
die ersten zarten Blätter an den Ästen.
Da und da und da…

Die kleinen Blätter sind noch ganz hell.
Der Wind bewegt sie leicht.

Jetzt spielt die Sonne mit den Blättern.
Lauter kleine helle Flecken blitzen auf.

Ein Kuckuck ruft.

2

So klingt es im Frühlingswald …

1 Musiziert gemeinsam die Klanggeschichte.
2 Ergänzt die Geschichte um weitere Klänge aus dem Frühlingswald.

Konzert für drei Kuckucke und eine Nachtigall

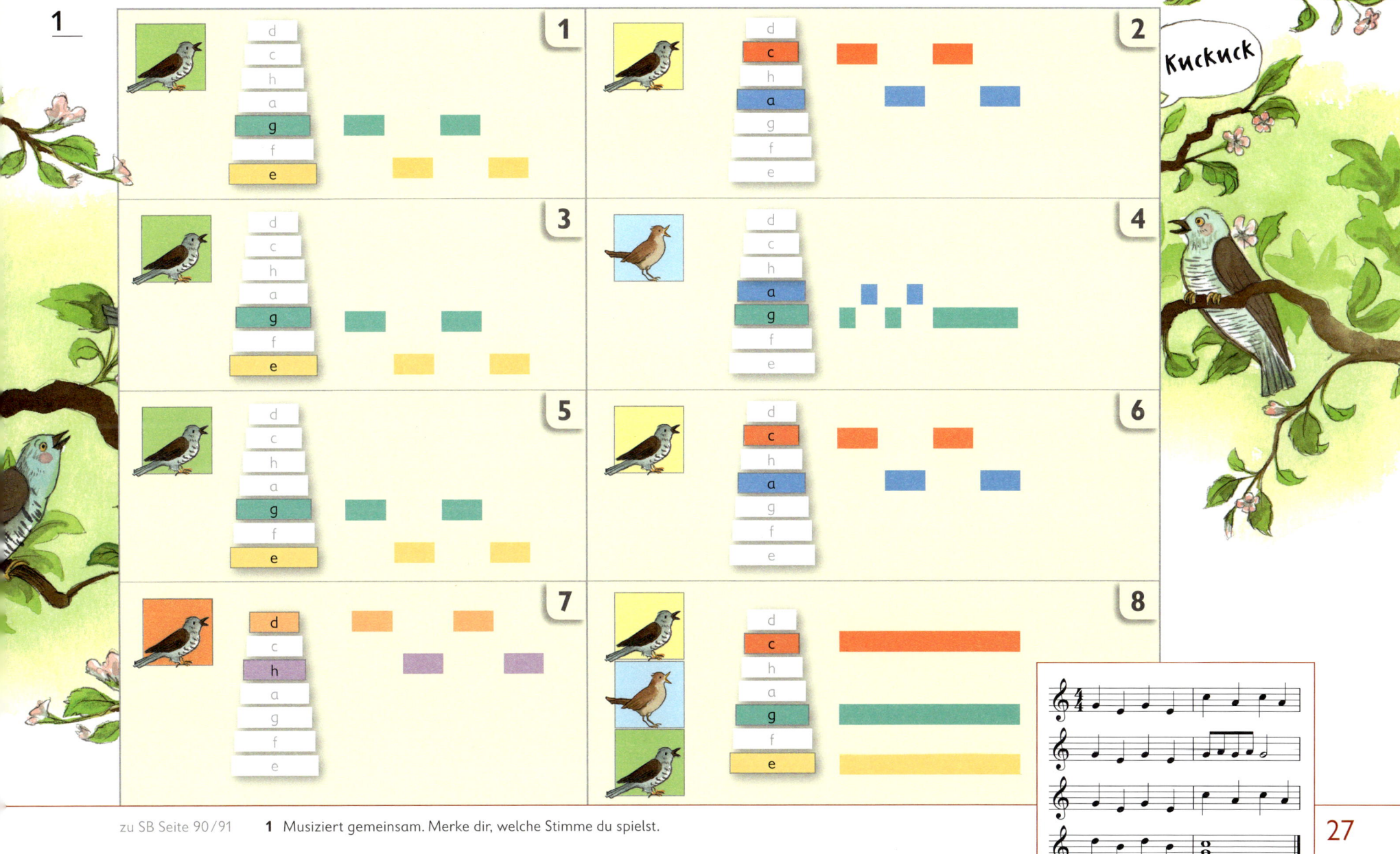

Der alte Dino erwacht

1 / 2 / 3

△ ▷▷▷▷▷▷▷▷▷▷			
	Die Uhr schlägt 12.		Der alte Dino erwacht.
	Zaghaft bewegt er seinen Kopf.		Jetzt hebt er ein Bein.
	Er steigt langsam von seinem Sockel.		Er geht durch das Museum: Bumm, klack, klack …
	Wie schön! Er tanzt vor Freude. Und die Knochen klappern.		Die Uhr schlägt 1. Schnell geht der Dino auf seinen Sockel zurück und erstarrt.

1 Denke dir selbst Klänge zu dieser Geschichte aus.
2 Schreibe mit passenden Zeichen die Instrumente und Klänge auf.
3 Musiziere deine Klanggeschichte mit anderen gemeinsam.

Dinomusik

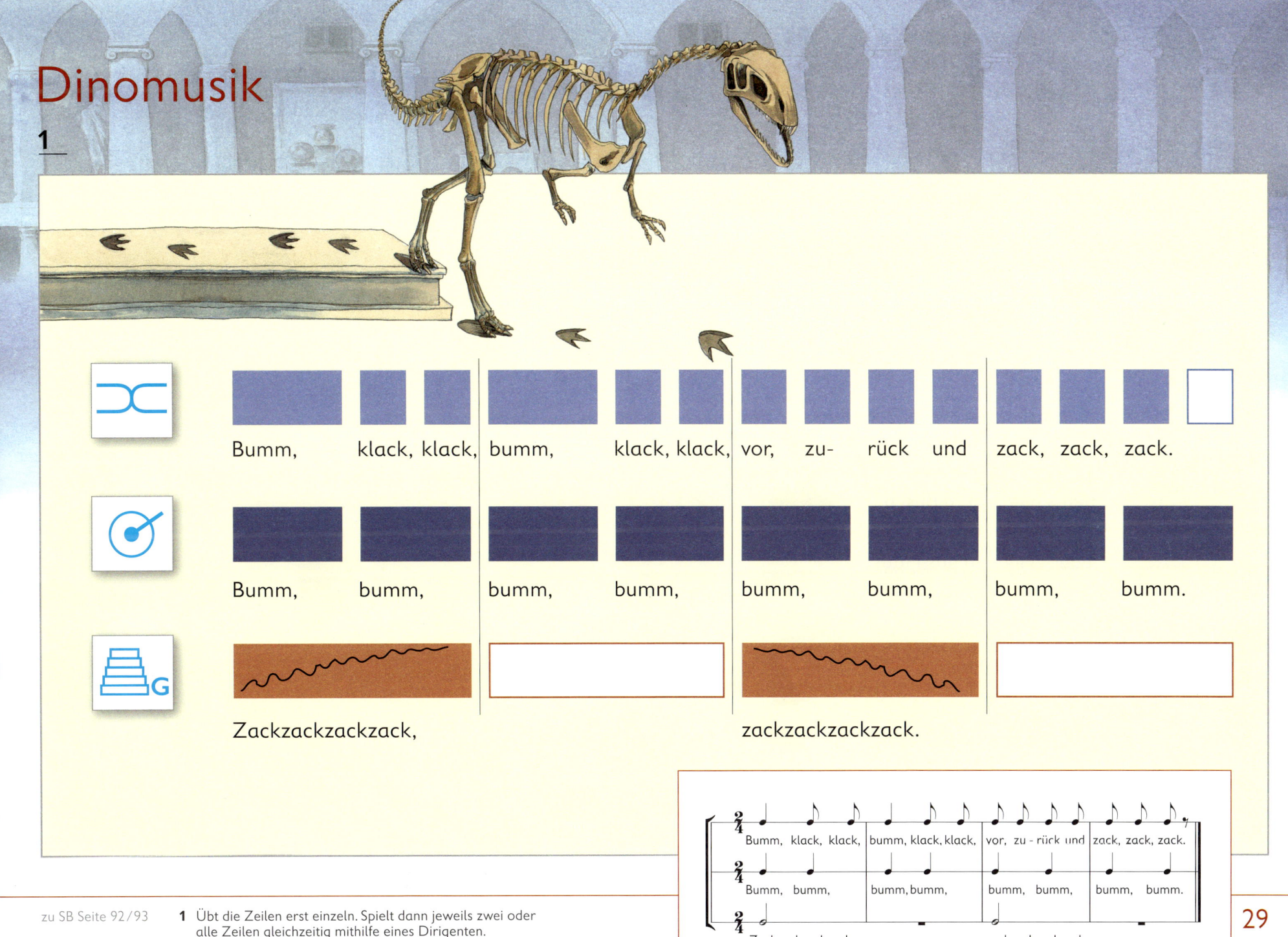

Bumm, klack, klack, bumm, klack, klack, vor, zu- rück und zack, zack, zack.

Bumm, bumm, bumm, bumm, bumm, bumm, bumm, bumm.

Zackzackzackzack, zackzackzackzack.

Bumm, klack, klack, bumm, klack, klack, vor, zu - rück und zack, zack, zack.

Bumm, bumm, bumm, bumm, bumm, bumm, bumm, bumm.

Zackzackzackzack, zackzackzackzack.

1 Übt die Zeilen erst einzeln. Spielt dann jeweils zwei oder alle Zeilen gleichzeitig mithilfe eines Dirigenten.

Wenn's dunkel wird draußen

W / M: D. Kreusch-Jacob

1

1. Wenn's dun – kel wird drau – ßen, klopft der Nacht – fal – ter an.

1.
2.

1.–8. Horch, horch, klopft der Nachtfal – ter an. Nachtfal – ter an.

© Autorin

1. … klopft der Nachtfalter an.		**2x** mit der Zunge schnalzen
2. … raschelt's hinter dem Busch.		psch, psch
3. … pfeift der Wind um das Haus.		pfeifen
4. … schnauft der Igel durchs Gras.		nuff, nuff
5. … bellt ein Hund irgendwo.		wau, wau
6. … schleicht die Katz' übers Dach.		miau, miau
7. … rauscht der Birnbaum im Schlaf.		sch, sch
8. … fliegt ein Lied durch die Nacht.		La, La

Die Vogelhochzeit

Überliefert

1. Ein Vo-gel woll-te Hoch-zeit ma-chen in dem grü-nen Wal - de.

1.–8. Fi - di - ral - la - la, fi - di - ral - la - la, fi - di - ral - la - la - la - la!

2. Die Drossel war der Bräutigam,
   die Amsel war die Braute.

3. Die Lerche, die Lerche,
   die führt' die Braut zur Kerche.

4. Der Wiedehopf, der Wiedehopf,
   der schenkt' der Braut 'nen Blumentopf.

5. Die Gänse und die Anten,
   das warn' die Musikanten.

6. Der Pfau mit seinem bunten Schwanz,
   der führt die Braut zum Hochzeitstanz.

7. Brautmutter war die Eule,
   nahm Abschied mit Geheule.

8. Der Hahn, der krähte: „Gute Nacht!",
   da wurd die Lampe ausgemacht.

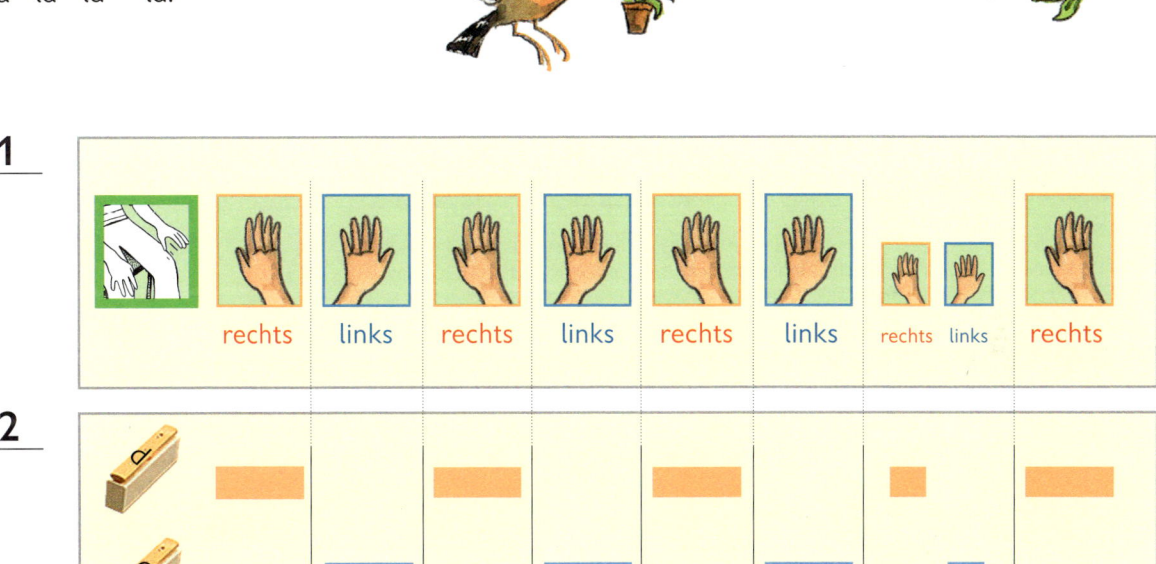

1 Singt das Lied und patscht dazu abwechselnd mit der rechten
  und linken Hand auf die Oberschenkel.
2 Begleitet mit den Tönen: Spielt mit zwei Schlägeln, einem in jeder Hand.

Osterhase, sei bereit

1 / 2

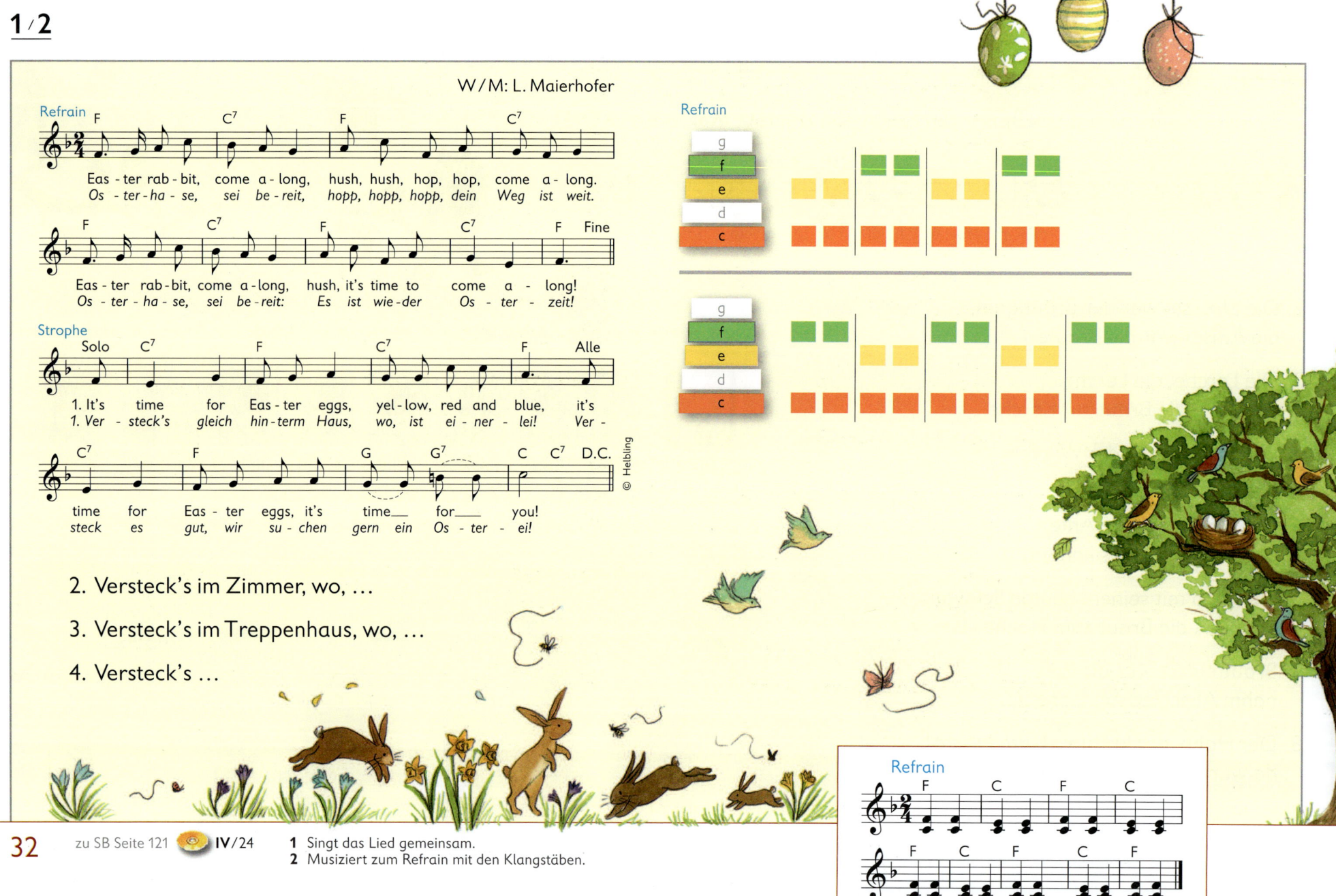

W/M: L. Maierhofer

Refrain

Eas - ter rab - bit, come a - long, hush, hush, hop, hop, come a - long.
Os - ter - ha - se, sei be - reit, hopp, hopp, hopp, dein Weg ist weit.

Eas - ter rab - bit, come a - long, hush, it's time to come a - long!
Os - ter - ha - se, sei be - reit: Es ist wie - der Os - ter - zeit!

Strophe

Solo ... Alle

1. It's time for Eas - ter eggs, yel - low, red and blue, it's
1. Ver - steck's gleich hin - term Haus, wo, ist ei - ner - lei! Ver -

time for Eas - ter eggs, it's time___ for___ you!
steck es gut, wir su - chen gern ein Os - ter - ei!

© Helbling

2. Versteck's im Zimmer, wo, …

3. Versteck's im Treppenhaus, wo, …

4. Versteck's …

Refrain

zu SB Seite 121   IV/24   **1** Singt das Lied gemeinsam.
                                 2 Musiziert zum Refrain mit den Klangstäben.

Hinweise für die Arbeit mit dem Musizierheft

- Dem Musizieren von Klanggeschichten und Mitspielsätzen sollten stets Lese- und Orientierungsübungen vorausgehen (z.B. für das Erfassen der Leserichtung, der verwendeten Instrumente und Klangsymbole).

- Das Verständnis für die traditionelle Notenschrift entwickelt sich erst, wenn entsprechende Klangverläufe erfasst und verstanden werden. Die hier verwendeten Notationsweisen mit unterschiedlich langen und unterschiedlich hohen Balken bereiten das Lesen traditioneller Noten vor.

- Die rechts unten platzierten Notenbilder sind „Übersetzungen" der Balkennotation und nur für die Lehrkraft gedacht. Im Einzelfall kann man damit auch differenzierende Aufgabenstellungen für fortgeschrittene Schüler verbinden.

- Liedbegleitungen werden erst erarbeitet, wenn die Lieder gesanglich beherrscht werden.

- Bevor mit Instrumenten gearbeitet wird, sollte mit Körperinstrumenten geübt werden (z.B. Seite 31).

- Einzelstimmen sollten immer mit allen Schülern erarbeitet werden. Kleinere Gruppen oder Solisten spielen erst bei bereits erreichter Sicherheit.

- Auch Kinder, die gerade kein Instrument spielen, sollten immer sinnvoll beschäftigt werden, z.B. stumm mitmachen, Texte mitsprechen, mit Körperinstrumenten mitspielen, beobachten und bewerten …

- Bei der Gruppenbildung sollte beachtet werden, dass in jeder Gruppe mindestens ein rhythmisch sicheres Kind vertreten ist.

- Rhythmische Verläufe prägen sich mit einem Text leichter ein. Diese Texthilfen können beim Musizieren auch stumm oder innerlich mitgesprochen werden.

- Gemeinsames Musizieren erfordert eine klare Einsatzgebung, verbal z.B. „Eins, zwei, drei, eins, zwei und".

- Das Mitklatschen oder -patschen des Grundschlags durch die Lehrkraft ist hilfreich für das Finden eines gemeinsamen Tempos.

- Benötigte Klangplatten auf Stabspielen kann man markieren. Nicht benötigte Klangplatten können auch entfernt werden.

- In Übungsphasen sollte zunächst leise gespielt werden, z.B. mit den Schlägelenden.

Dein neues Kling-Klang-Heft überrascht dich mit vielen Ideen zum

♪ Musikerfinden,

♪ Ausprobieren von Instrumenten,

♪ Spielen mit der Stimme und

♪ Begleiten von Liedern.

Du findest ein Haus voller Klänge darin, einen tanzenden Elefanten, Geisterbahn-Musik und einen geheimnisvollen Dino …

VOLK UND WISSEN

ISBN 978-3-06-080467-2

9 783060 804672